ROTA, EXISTENCIAL, CALIENTE

ExLibric

FLORENCIA HERNÁNDEZ

ROTA, EXISTENCIAL, CALIENTE

EXLIBRIC

ANTEQUERA 2025

ROTA, EXISTENCIAL, CALIENTE
© Florencia Hernández
Diseño de portada: Dpto. de Diseño Gráfico Exlibric

Iª edición

© ExLibric, 2025.

Editado por: ExLibric
c/ Cueva de Viera, 2, Local 3
Centro Negocios CADI
29200 Antequera (Málaga)
Teléfono: 952 70 60 04
Fax: 952 84 55 03
Correo electrónico: exlibric@exlibric.com
Internet: www.exlibric.com

ISBN: 979-13-87707-61-3
Depósito Legal: MA 791-2025

Impresión: PODiPrint
Impreso en Andalucía – España

Nota de la editorial: ExLibric pertenece a Innovación y Cualificación S. L.

FLORENCIA HERNÁNDEZ

ROTA, EXISTENCIAL, CALIENTE

«¿Sabes? Yo tenía una familia, un trabajo,
algo siempre estaba en el medio,
pero ahora vendí mi casa,
encontré este lugar, un estudio amplio,
deberías ver el espacio y la luz.

Por primera vez en mi vida
voy a tener el lugar y el tiempo para crear».

«No, nene.
Si vas a crear,
vas a crear trabajando dieciséis horas por día en una mina de carbón,
o vas a crear en una piecita con tres chicos mientras estás desocupado;
vas a crear aunque te falte parte de tu mente y de tu cuerpo,
vas a crear ciego, mutilado, loco,
vas a crear con un gato trepando por tu espalda
mientras la ciudad entera tiembla
en terremotos, bombardeos, inundaciones y fuego.

Nene, aire, luz, tiempo y espacio
no tienen nada que ver con esto y no crean nada,
excepto quizás una vida más larga
para encontrar nuevas excusas».

CHARLES BUKOWSKI
Aire, luz, tiempo y espacio

Todo lo que no se da, se pierde

PROVERBIO INDIO

¿DE QUÉ SE RÍEN?

Me gusta el invierno,
el frío que te cachetea la cara,
los rostros apagados,
el aire cargado de tragedia.
Me resulta más genuino,
más humanidad,
menos simulacro.
Perdón por el egoísmo,
pero me consuela cuando no soy yo sola,
cuando todo el pueblo está en caída.
Y mis pequeñas victorias,
que se parecen simplemente a estar presente,
cobran un sentido mayor.
Por el contrario,
detesto el verano,
cuando llevo la tristeza pegada a la humedad
y el resto sonríe idiota,
como si hubieran contado un chiste
que nadie entendió.

PAREN TODO

Mi pierna desparramada en la tuya,
te abrazo por la cintura.
Mi cabeza apoyada en tu brazo,
se escucha el segundero correr.
Qué miedo el paso tan fugaz de las horas.
Qué miedo no saber
cuándo es la última vez de algo.
Qué pena no poder guardar en un relicario,
cerca del corazón, estos instantes,
para esos domingos
donde el mundo se derrumba.
Qué terrible el apego
que hace que no pueda alejarme ni un poco.
Por si acaso, puedo guardar en la memoria,
y en la piel,
otro pedazo de nosotros así.
O por si tengo la suerte de sufrir una sobredosis
y, por fin,
ya no quiera más.
Qué barbaridad en este siglo
no tener una máquina del tiempo,
para detenernos un rato más.
Qué maravilla tener el privilegio de sentir

tan humanamente.
Qué ganas de prender fuego a tu reloj,
que me hizo recordar la finitud de las cosas.

Día purgatorio

Hoy no se lee,
podría encontrar una línea que me inquiete.
Hoy no se cocina,
a ver si en ese silencio,
me azota algún fantasma.
Hoy no puedo distraerme con la tele,
puede que alguna escena me identifique
y quiebre.
Hoy no se medita,
no me banco el vacío.
Hoy tampoco se llora.

Es un día purgatorio:
nada es del todo tierra
ni lo suficientemente infierno.

Visión periférica

Veo un plato apetitoso,
lo saboreo, lo degluto,
Mi estómago sonríe.
Veo unas luces chinas rojas,
me encandilan, me alegran un poco,
es que me recuerdan el jolgorio del carnaval.
Veo dos copas de vino a medio terminar,
me calman,
todavía queda más por beber.
Veo una pantalla poco atractiva
que no me genera nada.
Y, entonces, de refilón,
te veo, nos veo
en el reflejo del vidrio empañado.
Me seducen todas las sensaciones
que conozco, mezcladas.
Quiero retratarnos así,
pero lo incierto de nosotros
me lo impide.
Entonces, compacto ese instante
en estas palabras.
Pobrecitas, el esfuerzo que hacen
por perpetuar el momento,

para cuando no te tenga
en mi visión periférica.

Coraza de acero

Pasos para armar con esmero
y dedicación una coraza:
que sea fuerte, resistente;
que aguante, que sea red;
que derrumbarla no sea trabajo
de una semana y tres recuerdos:
una lista exagerada
de todo lo que me irrita,
una memoria rencorosa
que esté a la orden del día,
un *flash* de un futuro que no puede ser.
Buscar recovecos retorcidos
que nos hunden siendo dos,
dejar que los días se parezcan entre sí,
desaprender la ternura
y
desmoronar el presente
con todo lo anterior.

HABITACIONES CONTIGUAS

¿Por qué no salen de tu boca
las palabras que marcan el fin
de la incertidumbre de nuestros destinos?

El día está perfectamente en calma,
el clima convoca al encierro
y, adentro, mis partes enemistadas
levantan una bandera blanca,
se sonríen entre sí.

Un libro para empezar.
Un vino para abrir.
Un plan a concretar.
Vos en la otra habitación
le haces guardia a mi corazón.

Después de un dolor intenso,
la vida
parece recobrar más vida.

¿Por qué no puedes decir algo tan simple?
Mi amor, siempre vamos a estar
en habitaciones contiguas.

Una mesita

«Acá tienes que poner una mesita
y unas lucecitas», me dijo,
haciendo referencia al intento de patio
de la casa que alquilo.
Nunca lo hubiera imaginado para un lugar
que considero de paso.

Ese es mi problema:
solo creo
en lo que creo
que puede ser eterno.

CASITA DE CUENTO

El bosque encantado todavía no floreció
—y no va a florecer—,
pero las historias de duendes y hadas mágicas
ya sucedieron
entre los pinos y las magnolias,
las lavandas y los limoneros.

Los sucesos son atemporales.
Todo puede suceder a la vez.
Todo puede desaparecer
en fracciones de segundo.

Pero ¿qué entendemos como tiempo y espacio?

En este instante,
en otro lugar lejano,
me gusta imaginar que, tal vez,
recién estamos comenzando,

mientras ahora, acá,
todo se desintegra.

15 DE JULIO

Hoy es día 15
y sé que no vamos a tener otro 15 juntos;
no vamos a tener otro despertar
ni otra siesta.
Solo deseo atornillar los relojes y calendarios,
y todo lo que anuncia el paso del tiempo.
Hoy es 15 y la fugacidad me gana la partida.
No quiero velocidad,
quiero quietud.
Hoy es 15 y el sol está radiante,
aunque sea julio.
Aunque la vida se me desintegre,
igual sigue corriendo.
Aunque quiera detener todo acá,
incluso la llegada de la primavera.
Es que prefiero
un invierno eterno
con vos.

INEVITABLE

A mí tampoco me gustaban los títulos,
definirnos,
encerrarnos en un estado,
porque ni siquiera ninguno me parecía preciso
o, al menos, agradable al oído.
Pero ¿sabes una cosa, cielo?
Si no hay un marco que contenga,
el desmoronamiento
es inevitable.

ERROR DE TIPEO

Escribiendo con alcohol encima,
me equivoco
y escribo «tememos»
en vez de «tenemos».
No sé...
Siento que ese error de tipeo
explica un poco mis fallas
cuando somos dos.

ESCENA DE PELÍCULA

Prefiero anticiparme a la despedida final,
decir «hasta acá»,
ahora
que podemos elegirnos un rato más,
pero no.
Ahora
que las miserias empezaron a brotar,
que la obnubilación bajó su intensidad,
que las caricias alargaron su lapso de llegada,
que el intento de rutina quiere colarse
en el entusiasmo del martes,
que los vinos ya no tienen gusto a celebración,
antes de despedirnos de verdad,
bruscamente,
sin opción,
y en el recuerdo
quede como imagen enaltecida
una escena de película decorada.
Y eso,
eso sí que no es fácil de borrar.

ATRÁS Y DELANTE

Atrás del vaso que me trajiste
están todas las esperas hasta que llegabas.
Atrás del plato estrellado
estoy yo dibujándolo, extasiada.
Atrás de la pava eléctrica cubierta de sarro
hay incontables mates
de la época en que construía
una casita de cuentos.
Atrás de la botella con el *potus*
una cena delirante con mi amiga.
Atrás del detergente
el momento en que compraba
cosas para mi nuevo hogar.
Atrás del banderín hindú
todos los lugares donde lo colgué.
Atrás de la taza gastada de Los Simpsons,
cientos de tés y cafés con leche.
Y atrás de eso,
una mano que me llevaba
por la feria donde la compré,
que incluye
una vida que ya no existe.
Acá, delante de mí,
otro inminente desarme.

TÁCTICA A DESTIEMPO

No tengo demasiado tiempo.
Tengo que pensar y llevar a cabo la táctica perfecta.
Que sea un corte limpio,
sin efectos colaterales.
Hacer las conexiones mentales precisas,
poner los cerrojos correspondientes.

Demasiado tarde.
Algodón de azúcar.
Cangrejito por dentro.
Tierra húmeda.
Malvavisco de frutilla.
Mi piel cerca de la tuya.
Corazón en bandeja.
Sangre desparramada.

Tenías la vida demasiado pensada

para mí,
que la tenía demasiado sentida.

CERTEZA

Hoy tuve una certeza
Qué magnífico,
suelen escasear.
Las siestas solo me gustan con vos.
Despertarme a la mañana sin tu espalda
y afrontar la vida
es toda una hazaña.
Otro despertar en el día
ya me parece kamikaze.

Esperar desespera

Los sonidos que espero escuchar
y no escucho:
la puerta abriéndose a la madrugada,
tus gritos desde la habitación mientras cocino,
nuestro silencio acompañador...

BUENAS ELECCIONES

Ya lo decidí:
prefiero quedarme acá,
deambulando,
tratando de encontrar
algún rincón sagrado.
No quiero pasar esa puerta
y que, al volver
con el mate recién preparado,
tu ausencia
me esté esperando.

DE ALGO HAY QUE MORIR

Tengo sobredosis de cosas que no me benefician,
pero que no pienso dejar:
el maní a cualquier hora,
la cerveza tibia,
las lecturas mezcladas.
Mi relación
con un holograma.

GRADOS DE DIFERENCIA

Voy al mismo lugar
de nuestro último encuentro.
Recreo la situación,
apelando a una memoria visual,
precisa.
Algo falla.
Tal vez el clima
varió algunos grados.

DIOSES Y RELIGIONES

No entiendo por qué
me escondí bajo las sábanas tanto tiempo,
si al final
se hizo realidad la pesadilla;
ahora cuento los días,
descifro mensajes,
creo dioses y religiones
a los que aferrarme y entregarme.

CONEJO IDIOTA

Dudo de mis recursos,
de mis palabras,
de mis creencias,
de toda yo...
De lo único que no dudo
es de ir corriendo
tras de vos,
como un conejo idiota
que persigue su zanahoria.

EXCURSIÓN

Salgo de excursión
sin demasiados preparativos.
No pienso demorarme.
Inesperadamente,
pierdo noción del tiempo,
de distancias.
Felizmente,
me noquea la naturaleza
y concilio el sueño.
Cae el sol.
No quiero pasar la puerta de entrada,
pero no traje víveres para pasar la noche
y, tal vez,
todos los días que restan.

La relatividad del tiempo

Los días pasan y pasan,
se esfuman
sin dejar rastro.
Pero tu ausencia,
tu ausencia sigue anclada,
como el primer día.

ES QUE ES ASÍ

Cuando no estás,
solo siento el frío,
y el resto es pensar giladas.

INVIERNO ETERNO

El cielo rosado,
con anuncio de tormenta.
Yo le grito y le imploro
que no se le ocurra derramar una gota
antes de que vuelvas:
Será temporada de sequía entonces.

Los jazmines a punto de estallar.
Me cruzo de vereda,
no me atrevo a hacer contacto.
Les converso amorosamente
que todavía no florezcan,
que te esperen:
Será un largo invierno, parece.

DOLORES FANTASMAS

Los descorches sin entusiasmo.
La cama sin tu olor.
Los domingos sin odio a los lunes.
Las tardes sin siestas.
Mi espalda sin tu cuerpo.
El sueño sin conciliar.
El gato sin enemigo.
Las peleas sin oponente.
Las reconciliaciones conmigo misma.

BANCARSE LOS VACÍOS

No entender nada,
ni querer hacerlo, ni poder.
Poder: creerse fuerte,
creer que puedo manejar todo
Controlar: perder los controles,
poner el cuerpo.
Algo tiene que atravesarme, lo dejo.
Que pase, que rompa, que detone,
que desvanezca, que destruya.
Todo se cae.
Romper estructuras,
ideas, proyectos, proyecciones,
expectativas, ilusiones,
puertas, ventanas y paredes.
Hacer espacio, dejar que suceda.
querer definir,
encontrar la palabra, la emoción,
el sentido, la explicación.
Demasiado pronto,
todavía hay peligro de derrumbe.
Querer llenar instantáneamente con algo,
lo que sea, pero llenar.
Tiempos veloces.

Estar acá
para atrapar, al menos, un momento
de esta fugacidad.
No tener certezas ni verdades absolutas,
ni conclusiones mentales anestésicas.
Bancarse los vacíos,
para que se pueda llenar
con lo que tiene que
Ser.

FAFAFA EVERYWHERE

Abro los ojos,
¡pum!,
falopa.
Desayuno,
falopa.
Trabajo,
falopa.
Me distraigo
con alguna falopa.
Donde voy,
donde vamos
nos persigue.
Nos dejamos atrapar.
Nos escondemos en algún espacio
deshabitado, silencioso,
pero no lo soportamos.
Entonces,
¡pum!,
dame más.

POESÍA

Es que la poesía
   es
      hija de la muerte.
Amiga del atardecer,
          los domingos
             y las ausencias.
  Hermana de las noches en vela.
                Siamesa de la soledad.
Refugio del dolor,
         del que purga
           y te susurra
             del inframundo.
Observadora y guardiana
     de los detalles
         que dan cuerda y sentido
         a la existencia.

ESPACIO

Espacio, espacio, más espacio.
Como en una película de terror,
las paredes se cierran y buscan asfixiarte.
Todo espacio es insuficiente.
Necesito aire, mucho aire,
Todo el aire.
Pero, de repente,
todo se hace enorme.
Soy diminuta, estoy perdida.
Necesito cobijo, calor, sustento.
Por favor, no me dejes.
Asfíxiame
hasta que pierda la razón,
hasta que no distinga las paredes del aire,
hasta que las dudas
se apoderen de todo mi ser,
hasta perder la capacidad de elección.
Abandono ancestral.
Herida antigua.
Cicatriz añeja.
Sangre podrida.
Romper estructuras.
Espacio, espacio, más espacio.

El tiempo como margen social

Los relojes,
como un cuchillo,
apretándote la yugular.

Lo orgánico
gritándote
desde las vísceras.

FRAGMENTADA

Mi ser pide entrega.
No me gusta,
yo controlo.
El cerebro pide respuestas inmediatas.
Lo pongo en el rincón,
lo entretengo con giladas.
El cuerpo pide goce.
Lo castro,
le doy celibato.
El corazón pide amor incondicional.
Lo escucho,
me pierdo en el resto.

LOS ESPACIOS TAMBIÉN SON RELATIVOS

Sentada en el inodoro
de la casa que alquilo,
estiro las piernas
y se chocan con la pared.
Por momentos, mi cuerpo
queda grande en este espacio.
Lo que sí entra a la perfección
es algo infinito que traspasa paredes,
que suelen llamar «paz mental».

DES-ORDEN

En este caos que no se entiende nada,
no se puede ver claramente.
Hay árboles, techos, autos volando.
Hay viento y tierra.
Hay fuego y hay lluvia.
Hay palabras desordenadas
que buscan a sus compañeras.
Hay sensaciones
que llevan a otras sensaciones,
y esas, a otras.
El suelo se abre al medio
y hay secreciones que salen de ahí.
También, allá a lo lejos,
desdibujada,
una silueta
atraviesa la tormenta.

Distribución

A la mañana no entiendo la vida,
ni al mediodía,
ni a la tarde.
A la noche, al menos, la nocturnidad
me enciende y me abraza un poco,
y me lleva a un lugar
donde no necesito entender.
Los lunes y miércoles me adapto a la rutina.
Los domingos tengo permiso
para bajar al infierno.
Los martes resucito.
Jueves y viernes juego a la celebración.
Los sábados me tomo el día.
En primavera y otoño, invoco palabras,
intentando darle un cuerpo
a lo que no se ve.
En invierno me muero un rato.
En verano me pongo disfraz de humano,
esperando las demás estaciones.

Objetos perdidos

Las cosas que perdí en el camino
son como rastros esfumados por la lluvia.
Tengo sensaciones.
Ningún recuerdo completo.
Sé que hubo un día en que fui feliz,
pero no distingo
si esa persona era yo
o una anciana renegada
que le gustaba leer
bajo el sol de abril,
o una niña que trepaba árboles
e imaginaba mundos
entre las ramas.

EL GRIS ES UN SEÑOR EMBUSTERO

Los matices son perfectos
para esta vida terrenal,
vitales,
imprescindibles.
Pero, al final,
al final todo se divide en opuestos.
Al final,
—o desde el principio de los tiempos—
siempre estamos
en la maldición de la elección,
y lo que no se elige
muere.

VOLVER A TIERRA

Después del torbellino estival,
después de los *flashes* súbitos,
después de la nebulosa embriagadora,
después de los incendios indisciplinados,
el aire se volvió más lento.
Y deviene recordar
que hay un cuerpo
que sostuvo y sostiene
que hay rincones bastardeados
colmados de telarañas,
donde se une
lo que creímos divisible,
como si Todo no se mezclara con Todo,
como si Nada tuviera que ver con Nada,
como si la Vida no tuviera Muerte,
y viceversa.

Neptuno

Tener sueño y no poder dormir.
El cuerpo inactivo,
la mente inquieta.
Bucear entre ideas e imágenes:
Un atardecer pastel,
un gato ronroneando,
una montaña nevada,
un lago turquesa,
un bosque encantado,
un espejo que conduce a otra dimensión,
un cartel de neón que anuncia:
«Nada está bajo control»,
un sahumerio que viaja,
un ventilador ruidoso,
un tren que sacude,
una voz que calma,
una temperatura que derrite,
un árbol que abraza.
Dos cuerpos se encuentran.
Los inminentes finales
y un anhelo de no sé qué.

RAMÓN MATO MAGUA

Ramón es un tipo común
para quien mira sin detenerse a observar.
Pero, en realidad, es todo un personaje.
A sus setenta y pico
le sigue poniendo el cuerpo a los días,
por su numerosa familia,
quiere dejarle a cada uno
algo en partes iguales.
Le dan felicidad los pequeños placeres:
dormir siestas eternas,
comer algo que le gusta,
el sol en la cara,
la sangre unida...
Es un soñador.
Tiene sus propios dichos
y su propia filosofía de vida.
Entiende el tiempo de las cosas
y, a quien no, le dice:
«Si no jugaste a la escondida de chico,
jódete».
No conoce de medias tintas:
«O pasa hambre, o se come a los soldados».
Lo llamas un día de lluvia,

le preguntas cómo está
y te contesta:
«Celebrando el día, celebrando la lluvia».
Ramón es un tipo que de chico tuvo poco.
Recuerda el disfrute inmenso
que le producía ese chocolate
que se podía comer cada muerte de obispo.
Y hoy todavía resguarda eso,
la inocencia sostenida en el tiempo,
que sobrevivió a la barbarie del mundo.
Por eso, aunque hoy puede comer
chocolates con frecuencia,
se asegura que cada bocado sea un viaje
a eso que cuesta alcanzar.

Flojito es mejor

No hace falta poner armaduras inquebrantables
ni convocar a fuerzas sobrenaturales.
En serio que no.
Una vez roto y desarmado,
lo que resta simplemente
es entregarlo:
a la tierra,
al cielo,
a la trama invisible,
a la vida,
y un poco también
a la muerte.
Servido en bandeja,
acá esta, me rindo.
No tengo más, no quiero más.
Abrazo el silencio,
me vuelvo silencio.
Y después,
después es devuelto
en múltiples formas.
Elástico, flexible,
se expande, se expande más.
Bombea, bombea más fuerte.

Fichas

Camino tres pasos,
cae una ficha.
Miro al cielo,
caen dos más.
Huelo a primavera,
caen cientos.
No llego a descifrarlas.
Solo sé que no hay inviernos eternos.
Nada permanece.
Solo procuro mantener
el fueguito encendido adentro.

Laberintos y encuentros

Por cada semana y media de laberintos,
le corresponden
un par de horas de encuentro.
Lo aprovecho,
exprimo los minutos.
Aunque la mejor parte
Es
cuando me quedo quieta,
dejando
que la existencia
me atraviese.

STOP, FUISTE MUY LEJOS

¿Y si el silencio no es tan malo?
¿Si es que da espacio a darse cuenta
de lo que hay detrás
de las palabras sin sentido?
Si aprendo a estar en silencio,
tal vez alcance un pedacito de cielo,
y la tierra quede allá lejos, con sus miserias.
La palabra está sobrevalorada.
El tiempo, acelerado.
Freno, voy despacio.
Aprendo a saborear.
Podría contar mi vida
en fracciones de segundo,
donde la eternidad se hizo instante:
en miradas, sabores, sensaciones, emociones.
Y si esa vida que se resume en instantes
estuvo años luz y siglos,
gestándose y moldeándose para que suceda,
¿cómo puedo apurarme,
salir corriendo
a querer espiar el destino
del otro lado del camino?

ACTO DE FE

La esperanza que deposito
en esas líneas que resalto.
Aprieto el marcador con tal esmero,
como si en ese acto
las palabras
respondieran y calmaran
a mis clemencias.
Y llego a la conclusión
de que debiera depositar
un poco de esa fe
en mis propias elecciones.

Nadie entiende nada

Yo no entiendo.
Vos no entendés.

Igual se ríen.

Tal vez se trata de eso,
de reírse sin sentido
hasta encontrarlo.

INTERROGANTES

¿Por qué caminamos siempre hacia el deseo inmediato?
¿Por qué, apenas colmamos ese deseo,
ya deja de ser atractivo?
¿Por qué vivimos en la rueda de compre ya,
rápido, descartable y barato?
¿Por qué no sabemos estar quietos?
¿Qué nos aterra?
¿A dónde corremos?
¿Quién nos persigue?
¿Qué intentamos alcanzar?

GESTOS DEMOLEDORES

Hay días en que tu mirada me quema,
me agarra con la guardia baja
y no sé qué hacer.

Me penetra hasta lugares inhóspitos,
hasta sentimientos que aun desconozco.

Me asusta un poco,
porque todavía tengo una coraza
y creo que adentro
armo y desarmo,
hago estrategias, muevo fichas,
pongo de un lado, saco del otro,
Controlo.
Pero venís,
y con un simple gesto
detonas la falsa armadura.
Y ahí es cuando digo:
«*Game over*».

Ganar es dejarse atravesar.

Si no tenés el ojo entrenado, no me busques

Perdón por no caber
en tus planes y expectativas.
Es que a mí
solo me encienden los detalles,
y quien tiene el ojo entrenado
para verlos
y habitarlos

LLUVIAS QUE SÍ

Qué linda es la lluvia,
y cuánto más linda
cuando te agarra
con el corazón armado.

Qué linda cuando estás llevando
a tu abuela a la casa
y te despide con una sonrisa,
sacudiendo los brazos desde el alero.
Qué linda cuando, además, se hace de noche,
y la noche es con vos.

Qué lindo ir al chino
a buscar un vino,
despacito,
sin correr,
dejándote empapar
y cantando bajito.

MANTRA

Merecerá tu corazón
quien te deje
habitar Narnia
en paz.

AMIGA

Amiga, amiga, amiga...
La esperanza estos días
va y viene, ¿sabes?
Amiga, es algo tan frágil
que solo hay que procurar creer
en lo que sea,
en el dios de los pícnics,
en hadas mágicas
en planetas que se alinearan,
en guías que nos acompañan,
en ovnis que nos abducen,
en la red invisible que nos sostiene,
en que los desarmados
nos vamos a juntar y abrazar.
No sé, algo.
Amiga, ayer hizo 38 grados.
En ningún momento ni espacio estuve presente.
Estuve en una dimensión del mal.
Pero hoy...
Hoy, amiga, llovió
y el aire huele a tierra mojada,
y tengo apetito.
Recuperé el cuerpo.

¡Qué fantástico gozar de un cuerpo!
Hoy tenemos cita, amiga,
y vamos a jugar a que somos dos señoras italianas
y estamos en la costa amalfitana,
degustando pastas y vinos
porque sí.
Y miramos al mar.
Y armamos teorías de nuestro alrededor.
Y miramos al mundo.
¿Y sabes qué, amiga?
Se convirtió
en lo que siempre imaginamos.

POESÍA DEL DOLOR

Este invierno no se pareció en nada
a los inviernos anteriores.
Este invierno me tuvo piedad.
Este invierno no recuerdo haber sentido frío,
aun teniendo escasa calefacción.
Este invierno conté más los días de sol,
y menos los de escarcha.
Este invierno comí y tomé más, y no controlé.
Y no me importo.
Este invierno se sintió como un pequeño *break*
entre la magia del otoño
y el entusiasmo de la primavera.
Este invierno quedó desnudo el esqueleto,
y eso no me aterró.
Este invierno me permití quedarme dormida
y no sentir el peso de los relojes.
Este invierno me regaló el amor de las noches
y el odio de las mañanas.
Este invierno me quise agarrar
a lo eterno e inamovible,
pero la bofetada de realidad
me puso delante de mis ojos
la belleza de lo efímero.

Este invierno me robó la poesía del dolor,
pero me la devolviste vos.

La suma de felicidad que me das

Es relativamente proporcional
al pedestal donde te subo.

SIN PÚBLICO, MEJOR

Es que todo deriva en el capitalismo, amor.
Todo lo inocentemente bello
se echa a perder
cuando se introduce en el sistema.
Lo más genuino lo es
mientras está tras bambalinas.
Cuando sale a escena de este mundo,
se pierde entre la etiqueta
y el precio que le ponen.
Por eso, te invito a que nos escapemos un rato
y juguemos a un trueque secreto,
donde intercambiamos fantasías,
ternura, tiempo...
Y que nadie, nadie, nadie
se entere.

La revolución de la piel

Porque, aunque quisiera,
mi piel no me dejaría.
Porque si planeo detalladamente el escape,
algo adentro me purga
y me empuja hasta tus brazos.
Porque la mente se apaga
y habla la piel,
te elige
quiere sentirse a gusto.
Entonces, se apodera de todo el cuerpo,
empieza su revolución.
No importa lo bien o lo mal,
o las situaciones que nos atraviesan.
El contexto queda bastante pobre
al deseo de la piel,
donde lucha y gana,
y va a tu encuentro.

A LA HORA QUE SALEN LOS GATOS

Mi hora preferida es la hora
es cuando los gatos salen a merodear.
El sol se funde.
El día se apacigua.
El aire se vuelve armónico.

Los gatos suben a los techos a vigilar el vecindario
con el misterio que los envuelve.
Comienzan las riñas detrás de las cortinas,
trapos al sol que se escondió.

Encontrarse con las miserias que dejó el día,
los días, la vida.

Nosotros solo pensamos en el vino
que vamos a descorchar juntos,
y todo lo demás
puede hacerse cenizas,
mientras nuestro fuego
arda más que todo.

Bailar al unísono

Y hoy siento que burlamos al destino
y a la eterna rueda del tiempo,
en la que estamos sumidos.
Como si por un rincón
y en puntas de pie,
nos escapamos silenciosamente
por un momento
o toda la eternidad misma,
hecha instante,
y atravesamos el callejón oscuro
de la muerte.
Y volvimos a la rueda,
pero ya no nos llevaba:
nosotros bailábamos
al unísono en ella.

Diosa del olimpo

Si algo he de agradecerte,
olvidable ser,
es que saques el personaje
de la más puta y perra del condado.
Lo dulce y lo animal
que me lo arranques sin permiso
y me lo muestres.
Y yo lo mire
y vea a la *fucking*
Afrodita del siglo XXI.

ELEMENTOS

Acaricio el pasto,
me vuelvo suelo.
Miro el cielo,
soy el cielo.
Me atraviesa el aire.
Me convierto en viento.
Me rozas
y soy el océano.
Somos prisioneros
de nuestro incendio.

QUÍMICA

Nunca entendí de química
ni de física.
No recuerdo una sola fórmula
ni un símbolo.
Pero sí entendí
cómo sucede una explosión,
la primera vez
que nuestras pieles
se encontraron.

PRIMERO, LO PRIMERO

Celebrar el rayo de sol
de una tarde otoñal
que se cuela por un rincón,
se mezcla con el perfume
de las mandarinas
y choca con la piel
—éxtasis de tierna sensación—,
no sin antes celebrar
la tormenta que nos sorprendió
en medio de la nada
y sacudió
todo lo que había en pie.

SANGRE

Las manos de mi abuela en mi cabeza
borran pensamientos y preocupaciones.
Los gritos entremezclados
mantienen el espíritu bullicioso de esta sangre.
Los dichos del jefe del clan
marcan el sentido del día.

Transformar los días

Derrumbes,
terremotos,
rayos y centellas,
la bici y un vino
de dos con cincuenta
a medianoche.

Descubrir que un martes
con gusto a nada
puede transformarse
en un viernes a la tardecita.

POR FAVOR, PELLÍZCAME

El viento y el sol en la cara,
el lago, las montañas.
Sujétame mientras caminamos,
así puedo cerrar los ojos
y al abrirlos
volver a encontrar ese paisaje.

Te invito a jugar mi juego,
se parece a un sueño
donde el final es feliz
y lo que sucede... es real.

INVITADO DE HONOR

Ojalá que mi casa siempre tenga flores
y un vino para descorchar,
o dos.
Ojalá siempre tenga un gato
a quien no le importe mi presencia,
o dos.
Ojalá tenga muchos libros
y un rincón mágico.
Ojalá habite siempre en el aire
la sensación de la primavera
y el otoño acercándose.
Ojalá quieras la misma casa;
si no, siempre serás
mi invitado preferido.

CUESTA ARRIBA, CUESTA ABAJO

Hubo un día en el que mundo
se puso cuesta arriba, muy arriba,
un día, o dos, o mil quinientos,
y yo iba con patines para nieve
en una montaña de arenisca roja,
viento en contra,
lluvia, relámpagos,
demonios de tres ojos
con espadas y lanzallamas,
oscuros, muy oscuros.

Después hubo otro día,
o dos, o mil quinientos,
que la montaña fue un valle
suave, de ensueño, liviano,
y yo iba descalza por el verde
tibio del sol,
olor a primavera,
flores, muchas, silvestres, salvajes,
nubes esponjosas
ángeles celestiales de auras arcoíris.

PORQUE SÍ

Un poema que relate
todo lo que se disputan mi cabeza y corazón.
Un poema que diga
el miedo que esconden los días perfectos.
Un poema que grite
lo que se calla el orgullo.
Un poema que encuentre
las palabras justas en el momento preciso.
Un poema que ponga
el cerebro en remojo cuando piensa giladas.
Un poema que abrace
a la comunidad cuando a todos se nos rompe algo.
Un poema que tenga
sabor a tus gustos de helado preferidos.
Un poema que suene
a descorche de martes.
Un poema que guarde
tu estación favorita.
Un poema que huela
a aire de río y montaña.
Un poema que acaricie
con manos de abuela.
Un poema que te bese,

irreverentemente,
inesperadamente,
desenfrenadamente.
Porque sí.

ROTA, EXISTENCIAL, CALIENTE

¿Cómo se sentirá la estabilidad?
¿Cómo sería vivir sin intensidad?
¿Es un privilegio de género?
¿Es la condición humana?
¿Es la posición de la luna?
¿Hay algo fallado?
Un poco de calma.
Un pido gancho con la vida.
Solo conozco tres estados
y en esos deambulo,
voy y vengo.
A veces horas, a veces años.
Quisiera evitar largos periodos
en alguno,
pero yo no decido:
las aguas me arrastran
y me pierdo.
Solo sé estar
rota,
existencial,
caliente.
Mi deseo es habitar en el último.
Lo digo como conjuro,
a ver si funciona.